法治社会建设实施纲要
（2020—2025年）

人民出版社

图书在版编目(CIP)数据

法治社会建设实施纲要:2020—2025年.—北京:人民出版社,
2020.12
ISBN 978-7-01-022908-9

Ⅰ.①法… Ⅱ. Ⅲ.①社会主义法治-建设-中国-2020-2025
Ⅳ.①D920.1

中国版本图书馆CIP数据核字(2020)第249285号

法治社会建设实施纲要(2020—2025年)
FAZHI SHEHUI JIANSHE SHISHI GANGYAO 2020—2025 NIAN

人民出版社 出版发行
(100706 北京市东城区隆福寺街99号)

北京新华印刷有限公司印刷 新华书店经销

2020年12月第1版 2020年12月北京第1次印刷
开本:880毫米×1230毫米 1/32 印张:1
字数:15千字

ISBN 978-7-01-022908-9 定价:3.00元

邮购地址 100706 北京市东城区隆福寺街99号
人民东方图书销售中心 电话 (010)65250042 65289539

目　　录

法治社会建设实施纲要（2020—2025 年） …… （1）

　　一、总体要求　………………………………（2）

　　二、推动全社会增强法治观念　……………（3）

　　三、健全社会领域制度规范　………………（6）

　　四、加强权利保护　…………………………（9）

　　五、推进社会治理法治化　…………………（13）

　　六、依法治理网络空间　……………………（17）

　　七、加强组织保障　…………………………（20）

形成法治社会建设生动局面 ………………（22）

　　——中央依法治国办有关负责同志就《法治社会
　　建设实施纲要（2020—2025 年）》答记者问

法治社会建设实施纲要
（2020—2025 年）

近日，中共中央印发了《法治社会建设实施纲要（2020—2025 年）》，并发出通知，要求各地区各部门结合实际认真贯彻落实。

《法治社会建设实施纲要（2020—2025 年）》全文如下。

法治社会是构筑法治国家的基础，法治社会建设是实现国家治理体系和治理能力现代化的重要组成部分。建设信仰法治、公平正义、保障权利、守法诚信、充满活力、和谐有序的社会主义法治社会，是增强人民群众获得感、幸福感、安全感的重要举措。党的十九大把法治社会基本建成确立为到 2035 年基本实现社会主义现代化的重要目标之一,意义重大,影响深远,任务艰巨。为加快推进法治社会建设,制定本纲要。

一、总体要求

（一）指导思想。高举中国特色社会主义伟大旗帜,坚持以马克思列宁主义、毛泽东思想、邓小平理论、"三个代表"重要思想、科学发展观、习近平新时代中国特色社会主义思想为指导,全面贯彻党的十九大和十九届二中、三中、四中、五中全会精神,全面贯彻习近平法治思想,增强"四个意识"、坚定"四个自信"、做到"两个维护",坚定不移走中国特色社会主义法治道路,坚持法治国家、法治政府、法治社会一体建设,培育和践行社会主义核心价值观,弘扬社会主义法治精神,建设社会主义法治文化,增强全社会厉行法治的积极性和主动性,推动全社会尊法学法守法用法,健全社会公平正义法治保障制度,保障人民权利,提高社会治理法治化水平,为全面建设社会主义现代化国家、实现中华民族伟大复兴的中国梦筑牢坚实法治基础。

（二）主要原则。坚持党的集中统一领导；坚持以中国特色社会主义法治理论为指导；坚持以人民为中心；坚持尊重和维护宪法法律权威；坚持法律面前人人平等；坚持权利与义务相统一；坚持法治、德治、自治相结合；坚持社会治理共建共治共享。

（三）总体目标。到2025年，"八五"普法规划实施完成，法治观念深入人心，社会领域制度规范更加健全，社会主义核心价值观要求融入法治建设和社会治理成效显著，公民、法人和其他组织合法权益得到切实保障，社会治理法治化水平显著提高，形成符合国情、体现时代特征、人民群众满意的法治社会建设生动局面，为2035年基本建成法治社会奠定坚实基础。

二、推动全社会增强法治观念

全民守法是法治社会的基础工程。树立宪法法律至上、法律面前人人平等的法治理念，培育全社会法治信仰，增强法治宣传教育针对性和实效性，引导全体人民做社会主义法治的忠实崇尚者、自觉遵守者、坚定捍卫者，使法治成为社会共识和基本原则。

（四）维护宪法权威。深入宣传宪法，弘扬宪法精神，增强宪法意识，推动形成尊崇宪法、学习宪法、遵守宪法、维护宪法、运用宪法的社会氛围。切实加强对国家工作人员特别是各级领导干部的宪法教育，组织推动国家工作人员原原本本学习宪法文本。全面落实宪法宣誓制度，国家工作人员就职时应当依照法律规定进行宪法宣誓。持续开展全国学生"学宪法讲宪法"活动。推动"12·4"国家宪法日和"宪法宣传周"集中宣传活动制度化，实现宪法宣传教育常态化。

（五）增强全民法治观念。深入学习宣传习近平法治思想，深入宣传以宪法为核心的中国特色社会主义法律体系，广泛宣传与经济社会发展和人民群众利益密切相关的法律法规，使人民群众自觉尊崇、信仰和遵守法律。广泛开展民法典普法工作，让民法典走到群众身边、走进群众心里。积极组织疫病防治、野生动物保护、公共卫生安全等方面法律法规和相关知识的宣传教育活动。引导全社会尊重司法裁判，维护司法权威。充分发挥领导干部带头尊法学法守法用法对全社会的示范带动作用，进一步落实国家工作人员学法用法制度，健全日常学法制度，强化法治培训，完善考核评估机制,不断增强国家工作人员特别是各级领导干部依法办事的意识和能力。加强青少年法治教育,全面落实《青少年法治教育大纲》,把法治教育纳入国民教育体系。加强对教师的法治教育培训,配齐配强法治课教师、法治辅导员队伍,完善法治副校长制度,健全青少年参与法治实践机制。引导企业树立合规意识,切实增强企业管理者和职工的法治观念。加强对社会热点案(事)件的法治解读评论,传播法治正能量。运用新媒体新技术普法,推进"智慧普法"平台建设。研究制定法治宣传教育法。

(六)健全普法责任制。坚持法治宣传教育与法治实践相结合。认真落实"谁执法谁普法"普法责任制,2020年年底前基本实现国家机关普法责任制清单全覆盖,把案(事)件依法处理的过程变成普法公开课。完善法官、检察官、行政复议人员、行政执法人员、律师等以案释法制度,注重加强对诉讼参与人、行政相对人、利害关系人等的法律法规和政策宣讲。引导社会各方面广泛参与立法,把立法过程变为宣传法律法规的过程。创新运用多种形式,加强对新出台法律法规规章的解读。充分发挥法律服务队伍在普法宣传教育中的重要作用,为人民群众提供专业、精准、高效的法治宣传。健全媒体公益普法制度,引导报社、电台、电视台、网站、融媒体中心等媒体自觉履行普法责任。培育壮大普法志愿者队伍,形成人民群众广泛参与普法活动的实践格局。

(七)建设社会主义法治文化。弘扬社会主义法治精神,传播法治理念,恪守法治原则,注重对法治理念、法治思维的培育,充分发挥法治文化的引领、熏陶作用,形成守法光荣、违法可耻的社会氛围。丰富法治文化产品,培育法治文化精品,扩大法治文化的覆盖面和影响力。利用重大纪念日、传统节日等契机开展群众性法治文化活动,组织各地青年普法志愿者、法治文艺团体开展法治文化基层行活动,推动法治文化深入人心。大力加强法治文化阵地建设,有效促进法治文化与传统文化、红色文化、地方文化、行业文化、企业文化融合发展。2020 年年底前制定加强社会主义法治文化建设的意见。

三、健全社会领域制度规范

加快建立健全社会领域法律制度,完善多层次多领域社会规范,强化道德规范建设,深入推进诚信建设制度化,以良法促进社会建设、保障社会善治。

(八)完善社会重要领域立法。完善教育、劳动就业、收入分配、社会保障、医疗卫生、食品药品、安全生产、道路交通、扶贫、慈善、社会救助等领域和退役军人、妇女、未成年人、老年人、残疾人正当权益保护等方面的法律法规,不断保障和改善民生。完善疫情防控相关立法,全面加强公共卫生领域相关法律法规建设。健全社会组织、城乡社区、社会工作等方面的法律制度,进一步加强和创新社会治理。完善弘扬社会主义核心价值观的法律政策体系,加强见义勇为、尊崇英烈、志愿服务、孝老爱亲等方面立法。

(九)促进社会规范建设。充分发挥社会规范在协调社会关系、约束社会行为、维护社会秩序等方面的积极作用。加强居民公约、村规民约、行业规章、社会组织章程等社会规范建设,推动社会成员自我约束、自我管理、自我规范。深化行风建设,规范行业行为。加强对社会规范制订和实施情况的监督,制订自律性社会规范的示范文本,使社会规范制订和实施符合法治原则和精神。

（十）加强道德规范建设。坚持依法治国和以德治国相结合，把法律规范和道德规范结合起来，以道德滋养法治精神。倡导助人为乐、见义勇为、诚实守信、敬业奉献、孝老爱亲等美德善行，完善激励机制，褒奖善行义举，形成好人好报、德者有得的正向效应。推进社会公德、职业道德建设，深入开展家庭美德和个人品德教育，增强法治的道德底蕴。强化道德规范的教育、评价、监督等功能，努力形成良好的社会风尚和社会秩序。深入开展道德领域突出问题专项教育和治理，依法惩处公德失范的违法行为。大力倡导科学健康文明的生活方式，革除滥食野生动物陋习，增强公民公共卫生安全和疫病防治意识。依法规范捐赠、受赠行为。注重把符合社会主义核心价值观要求的基本道德规范转化为法律规范，用法律的权威来增强人们培育和践行社会主义核心价值观的自觉性。

（十一）推进社会诚信建设。加快推进社会信用体系建设，提高全社会诚信意识和信用水平。完善企业社会责任法律制度，增强企业社会责任意识，促进企业诚实守信、合法经营。健全公民和组织守法信用记录，建立以公民身份证号码和组织机构代码为基础的统一社会信用代码制度。完善诚信建设长效机制，健全覆盖全社会的征信体系，建立完善失信惩戒制度。结合实际建立信用修复机制和异议制度，鼓励和引导失信主体主动纠正违法失信行为。加强行业协会商会诚信建设，完善诚信管理和诚信自律机制。完善全国信用信息共享平台和国家企业信用信息公示系统，进一步强化和规范信用信息归集共享。加强诚信理念宣传教育，组织诚信主题实践活动，为社会信用体系建设创造良好环境。推动出台信用方面的法律。

四、加强权利保护

切实保障公民基本权利，有效维护各类社会主体合法权益。坚持权利与义务相统一，社会主体要履行法定义务和承担社会责任。

（十二）健全公众参与重大公共决策机制。制定与人民生产生活和现实利益密切相关的经济社会政策和出台重大改革措施，要充分体现公平正义和社会责任，畅通公众参与重大公共决策的渠道，采取多种形式广泛听取群众意见，切实保障公民、法人和其他组织合法权益。没有法律和行政法规依据,不得设定减损公民、法人和其他组织权利或者增加其义务的规范。落实法律顾问、公职律师在重大公共决策中发挥积极作用的制度机制。健全企业、职工、行业协会商会等参与涉企法律法规及政策制定机制,依法平等保护企业、职工合法权益。

(十三)保障行政执法中当事人合法权益。规范执法行为,完善执法程序,改进执法方式,尊重和维护人民群众合法权益。建立人民群众监督评价机制,促进食品药品、公共卫生、生态环境、安全生产、劳动保障、野生动物保护等关系群众切身利益的重点领域执法力度和执法效果不断提高。建立健全产权保护统筹协调工作机制,持续加强政务诚信和营商环境建设,将产权保护列为专项治理、信用示范、城市创建、营商环境建设的重要内容。推进政府信息公开,涉及公民、法人或其他组织权利和义务的行政规范性文件、行政许可决定、行政处罚决定、行政强制决定、行政征收决定等,依法予以公开。

(十四)加强人权司法保障。加强对公民合法权益的司法保护。加大涉民生案件查办力度,通过具体案件办理,保障人民群众合法权益。探索建立消费者权益保护集体诉讼制度。完善律师制度。强化诉讼参与人诉讼权利制度保障。加强对非法取证行为的源头预防,严格执行非法证据排除规则,建立健全案件纠错机制,有效防范和纠正冤假错案。健全执行工作长效机制,依法保障胜诉当事人及时实现合法权益。加强检察机关对民事、行政、刑事诉讼活动的法律监督,维护司法公正。在司法调解、司法听证等司法活动中保障人民群众参与。落实人民陪审员制度,完善人民监督员制度。推动大数据、人工智能等科技创新成果同司法工作深度融合,完善"互联网+诉讼"模式,加强诉讼服务设施建设,全面建设集约高效、多元解纷、便民利民、智慧精准、开放互动、交融共享的现代化诉讼服务体系。

(十五)为群众提供便捷高效的公共法律服务。到2022年,基本形成覆盖城乡、便捷高效、均等普惠的现代公共法律服务体系,保证人民群众获得及时有效的法律帮助。加强对欠发达地区专业法律服务人才和社会工作者、志愿者的政策扶持,大力推广运用远程网络等法律服务模式,促进城市优质法律服务资源向农村辐射,有效缓解法律服务专业力量不足问题。健全公民权利救济渠道和方式,完善法律援助制度和国家司法救助制度,制定出台法律援助法,保障困难群体、特殊群众的基本公共法律服务权益。加快律师、公证、仲裁、司法鉴定等行业改革发展,完善公共法律服务管理体制和工作机制,推进公共法律服务标准化、规范化、精准化,有效满足人民群众日益增长的高品质、多元化法律服务需求。健全村(居)法律顾问制度,充分发挥村(居)法律顾问作用。加强公共法律服务实体、热线、网络三大平台建设,推动公共法律服务与科技创新手段深度融合,尽快建成覆盖全业务、全时空的公共法律服务网络。

(十六)引导社会主体履行法定义务承担社会责任。公民、法人和其他组织享有宪法和法律规定的权利,同时必须履行宪法和法律规定的义务。强化规则意识,倡导契约精神,维护公序良俗,引导公民理性表达诉求,自觉履行法定义务、社会责任、家庭责任。引导和推动企业和其他组织履行法定义务、承担社会责任,促进社会健康有序运行。强化政策引领作用,为企业更好履行社会责任营造良好环境,推动企业与社会建立良好的互助互信关系。支持社会组织建立社会责任标准体系,引导社会资源向积极履行社会责任的社会组织倾斜。

五、推进社会治理法治化

全面提升社会治理法治化水平,依法维护社会秩序、解决社会问题、协调利益关系、推动社会事业发展,培育全社会办事依法、遇事找法、解决问题用法、化解矛盾靠法的法治环境,促进社会充满活力又和谐有序。

(十七)完善社会治理体制机制。完善党委领导、政府负责、民主协商、社会协同、公众参与、法治保障、科技支撑的社会治理体系,打造共建共治共享的社会治理格局。健全地方党委在本地区发挥总揽全局、协调各方领导作用的机制,完善政府社会治理考核问责机制。引领和推动社会力量参与社会治理,建设人人有责、人人尽责、人人享有的社会治理共同体,确保社会治理过程人民参与、成效人民评判、成果人民共享。加强社会治理制度建设,推进社会治理制度化、规范化、程序化。

（十八）推进多层次多领域依法治理。推进市域治理创新，依法加快市级层面实名登记、社会信用管理、产权保护等配套制度建设，开展市域社会治理现代化试点，使法治成为市域经济社会发展的核心竞争力。深化城乡社区依法治理，在党组织领导下实现政府治理和社会调节、居民自治良性互动。区县职能部门、乡镇政府（街道办事处）按照减负赋能原则，制定和落实在社区治理方面的权责清单。健全村级议事协商制度，鼓励农村开展村民说事、民情恳谈等活动。实施村级事务阳光工程，完善党务、村务、财务"三公开"制度，梳理村级事务公开清单，推广村级事务"阳光公开"监管平台。开展法治乡村创建活动。加强基层群众性自治组织规范化建设，修改城市居民委员会组织法和村民委员会组织法。全面推进基层单位依法治理，企业、学校等基层单位普遍完善业务和管理活动各项规章制度，建立运用法治方式解决问题的平台和机制。广泛开展行业依法治理，推进业务标准程序完善、合法合规审查到位、防范化解风险及时和法律监督有效的法治化治理方式。依法妥善处置涉及民族、宗教等因素的社会问题，促进民族关系、宗教关系和谐。

（十九）发挥人民团体和社会组织在法治社会建设中的作用。人民团体要在党的领导下，教育和组织团体成员和所联系群众依照宪法和法律的规定，通过各种途径和形式参与管理国家事务，管理经济文化事业，管理社会事务。促进社会组织健康有序发展，推进社会组织明确权责、依法自治、发挥作用。坚持党对社会组织的领导，加强社会组织党的建设，确保社会组织发展的正确政治方向。加大培育社会组织力度，重点培育、优先发展行业协会商会类、科技类、公益慈善类、城乡社区服务类社会组织。推动和支持志愿服务组织发展，开展志愿服务标准化建设。发挥行业协会商会自律功能，探索建立行业自律组织。发挥社区社会组织在创新基层社会治理中的积极作用。完善政府购买公共服务机制，促进社会组织在提供公共服务中发挥更大作用。

（二十）增强社会安全感。加快对社会安全体系的整体设计和战略规划，贯彻落实加快推进社会治理现代化开创平安中国建设新局面的意见。完善平安中国建设协调机制、责任分担机制，健全平安建设指标体系和考核标准。2020年年底前制定"互联网+公共安全"行动计划。推动扫黑除恶常态化，依法严厉打击和惩治暴力伤害医务人员、破坏野生动物资源、暴力恐怖、黄赌毒黑拐骗、高科技犯罪、网络犯罪等违法犯罪活动,遏制和预防严重犯罪行为的发生。强化突发事件应急体系建设,提升疫情防控、防灾减灾救灾能力。依法强化危害食品药品安全、影响生产安全、破坏交通安全等重点问题治理。健全社会心理服务体系和疏导机制、危机干预机制,建立健全基层社会心理服务工作站,发展心理工作者、社会工作者等社会心理服务人才队伍,加强对贫困人口、精神障碍患者、留守儿童、妇女、老年人等的人文关怀、精神慰藉和心理健康服务。健全执法司法机关与社会心理服务机构的工作衔接,加强对执法司法所涉人群的心理疏导。推进"青少年维权岗"、"青少年零犯罪零受害社区(村)"创建,强化预防青少年犯罪工作的基层基础。

(二十一)依法有效化解社会矛盾纠纷。坚持和发展新时代"枫桥经验",畅通和规范群众诉求表达、利益协调、权益保障通道,加强矛盾排查和风险研判,完善社会矛盾纠纷多元预防调处化解综合机制,努力将矛盾纠纷化解在基层。全面落实诉讼与信访分离制度,深入推进依法分类处理信访诉求。充分发挥人民调解的第一道防线作用,完善人民调解、行政调解、司法调解联动工作体系。充分发挥律师在调解中的作用,建立健全律师调解经费保障机制。县(市、区、旗)探索在矛盾纠纷多发领域建立"一站式"纠纷解决机制。加强农村土地承包经营纠纷调解仲裁、劳动人事争议调解仲裁工作。加强行政复议、行政调解、行政裁决工作,发挥行政机关化解纠纷的"分流阀"作用。推动仲裁委员会积极参与基层社会纠纷解决,支持仲裁融入基层社会治理。

六、依法治理网络空间

网络空间不是法外之地。推动社会治理从现实社会向网络空间覆盖,建立健全网络综合治理体系,加强依法管网、依法办网、依法上网,全面推进网络空间法治化,营造清朗的网络空间。

(二十二)完善网络法律制度。通过立改废释并举等方式,推动现有法律法规延伸适用到网络空间。完善网络信息服务方面的法律法规,修订互联网信息服务管理办法,研究制定互联网信息服务严重失信主体信用信息管理办法,制定完善对网络直播、自媒体、知识社区问答等新媒体业态和算法推荐、深度伪造等新技术应用的规范管理办法。完善网络安全法配套规定和标准体系,建立健全关键信息基础设施安全保护、数据安全管理和网络安全审查等网络安全管理制度,加强对大数据、云计算和人工智能等新技术研发应用的规范引导。研究制定个人信息保护法。健全互联网技术、商业模式、大数据等创新成果的知识产权保护方面的法律法规。修订预防未成年人犯罪法,制定未成年人网络保护条例。完善跨境电商制度,规范跨境电子商务经营者行为。积极参与数字经济、电子商务、信息技术、网络安全等领域国际规则和标准制定。

(二十三)培育良好的网络法治意识。坚持依法治网和以德润网相结合,弘扬时代主旋律和社会正能量。加强和创新互联网内容建设,实施社会主义核心价值观、中华文化新媒体传播等工程。提升网络媒介素养,推动互联网信息服务领域严重失信"黑名单"制度和惩戒机制,推动网络诚信制度化建设。坚决依法打击谣言、淫秽、暴力、迷信、邪教等有害信息在网络空间传播蔓延,建立健全互联网违法和不良信息举报一体化受理处置体系。加强全社会网络法治和网络素养教育,制定网络素养教育指南。加强青少年网络安全教育,引导青少年理性上网。深入实施中国好网民工程和网络公益工程,引导网民文明上网、理性表达,营造风清气正的网络环境。

(二十四)保障公民依法安全用网。牢固树立正确的网络安全观,依法防范网络安全风险。落实网络安全责任制,明确管理部门和网信企业的网络安全责任。建立完善统一高效的网络安全风险报告机制、研判处置机制,健全网络安全检查制度。加强对网络空间通信秘密、商业秘密、个人隐私以及名誉权、财产权等合法权益的保护。严格规范收集使用用户身份、通信内容等个人信息行为,加大对非法获取、泄露、出售、提供公民个人信息的违法犯罪行为的惩处力度。督促网信企业落实主体责任,履行法律规定的安全管理责任。健全网络与信息突发安全事件应急机制,完善网络安全和信息化执法联动机制。加强网络违法犯罪监控和查处能力建设,依法查处网络金融犯罪、网络诽谤、网络诈骗、网络色情、攻击窃密等违法犯罪行为。建立健全信息共享机制,积极参与国际打击互联网违法犯罪活动。

七、加强组织保障

坚持党对法治社会建设的集中统一领导,凝聚全社会力量,扎实有序推进法治社会建设。

(二十五)强化组织领导。党的领导是全面推进依法治国、加快建设社会主义法治国家最根本的保证。地方各级党委要落实推进本地区法治社会建设的领导责任,推动解决法治社会建设过程中的重点难点问题。地方各级政府要在党委统一领导下,将法治社会建设摆在重要位置,纳入经济社会发展总体规划,落实好法治社会建设各项任务。充分发挥基层党组织在法治社会建设中的战斗堡垒作用。

(二十六)加强统筹协调。坚持法治社会与法治国家、法治政府建设相协调,坚持法治社会建设与新时代经济社会发展、人民日益增长的美好生活需要相适应。地方各级党委法治建设议事协调机构要加强对本地区法治社会建设统筹谋划,形成上下协调、部门联动的工作机制。充分调动全社会各方力量采取多种形式参与法治社会建设,进一步发挥公民、企事业单位、人民团体、社会组织等在推进法治社会建设中的积极作用,形成法治社会建设最大合力。

(二十七)健全责任落实和考核评价机制。建立健全对法治社会建设的督促落实机制,确保党中央关于法治社会建设各项决策部署落到实处。充分发挥考核评价对法治社会建设的重要推动作用,制定法治社会建设评价指标体系。健全群众满意度测评制度,将群众满意度作为检验法治社会建设工作成效的重要指标。

(二十八)加强理论研究和舆论引导。加强中国特色社会主义法治理论与实践研究,为法治社会建设提供学理支撑和智力支持。充分发挥高等学校、科研院所等智库作用,大力打造法治社会建设理论研究基地。加强舆论引导,充分发挥先进典型的示范带动作用,凝聚社会共识,营造全民关心、支持和参与法治社会建设的良好氛围。适时发布法治社会建设白皮书。

各地区各部门要全面贯彻本纲要精神和要求,结合实际制定落实举措。中央依法治国办要抓好督促落实,确保纲要各项任务措施落到实处。

(新华社北京 2020 年 12 月 7 日电)

形成法治社会建设生动局面

——中央依法治国办有关负责同志就《法治社会建设实施纲要（2020—2025年）》答记者问

近日，中共中央印发了《法治社会建设实施纲要（2020—2025年）》（以下简称《纲要》）。中央依法治国办有关负责同志就《纲要》的有关情况回答了记者提问。

问：请介绍一下《纲要》出台的背景和意义。

答：法治社会是构筑法治国家的基础。法治社会建设是实现国家治理体系和治理能力现代化的重要组成部分，在推进全面依法治国中具有十分重要的地位和作用。党的十八大以来，以习近平同志为核心的党中央坚定不移推进全面依法治国，法治国家、法治政府、法治社会建设相互促进，全社会法治观念不断增强，法治社会建设全面深化。党的十九大提出到2035年基本建成法治国家、法治政府、法治社会。党的十九届五中全会审议通过的《中共中央关于制定国民经济和社会发展第十四个五年规划和二〇三五年远景目标的建议》，明确将"基本建成法治国家、法治政府、法治社会"作为到2035年基本实现社会主义现代化远景目标的重要内容。中央全面依法治国工作会议明确了习近平法治思想在全面依法治国工作中的指导地位，对法治社会建设提出了新要求、作出了新部署。

站在新的历史起点上，必须清醒看到，与新时代人民群众日益增长的美好生活需要相比，与建设社会主义法治国家的目标要求相比，法治社会建设还存在差距。因此，迫切需要从坚持全面依法治国基本方略、推进国家治理体系和治理能力现代化的战略高度，充分认识推进法治社会建设的重要性、紧迫性，通过制定和实施《纲要》，将以习近平同志为核心的党中央对统筹推进全面依法治国作出的重大决策部署落到实处。《纲要》的出台，对于学习贯彻习近平法治思想，推进法治社会建设，实现国家治理体系和治理能力现代化具有重要意义。

问:《纲要》提出的法治社会建设的主要目标是
什么?

答:《纲要》提出,到 2025 年,"八五"普法规划实
施完成,法治观念深入人心,社会领域制度规范更加健
全,社会主义核心价值观要求融入法治建设和社会治
理成效显著,公民、法人和其他组织合法权益得到切实
保障,社会治理法治化水平显著提高,形成符合国情、
体现时代特征、人民群众满意的法治社会建设生动局
面,为 2035 年基本建成法治社会奠定坚实基础。

问:《纲要》包括哪些重点内容?

答:《纲要》共由七部分组成:第一部分是总体要
求,主要阐述法治社会建设的指导思想、主要原则和总
体目标;第二部分至第六部分,主要从推动全社会增强
法治观念、健全社会领域制度规范、加强权利保护、推
进社会治理法治化、依法治理网络空间等五个方面明
确了当前法治社会建设的重点内容,提出了具体举措;
第七部分是加强组织保障,主要就强化组织领导、加强
统筹协调、健全责任落实和考核评价机制、加强理论研
究和舆论引导等方面作出安排部署。

问:《纲要》为什么将"加强权利保护""依法治理网络空间"作为法治社会建设的重要任务?

答:"治国有常,而利民为本。"党的十九大报告指出:"党的一切工作必须以最广大人民根本利益为最高标准。"党的十九届五中全会审议通过的《中共中央关于制定国民经济和社会发展第十四个五年规划和二〇三五年远景目标的建议》明确将"人民平等参与、平等发展权利得到充分保障"作为到 2035 年基本实现社会主义现代化远景目标的重要内容。习近平总书记在中央全面依法治国工作会议上的重要讲话指出:"推进全面依法治国,根本目的是依法保障人民权益。"为切实保障公民基本权利,积极回应人民群众法治需求,不断增强人民群众获得感、幸福感、安全感,《纲要》从健全公众参与重大公共决策机制、保障行政执法中当事人合法权益、加强人权司法保障、为群众提供便捷高效的公共法律服务、引导社会主体履行法定义务承担社会责任等方面,提出了具体措施。

网络空间不是法外之地。随着互联网科技的迅猛发展,人们的沟通方式和生活方式发生改变,人类社会进入万物互联时代。技术进步让生活更便利、更舒适、更美好,但同时存在网络谣言、网络色情、网络侵权盗版甚至网络恐怖主义等违法犯罪行为。与现实社会相比,网络治理面对的问题更为复杂。依法治理网络空间,是维护社会和谐稳定、维护公民合法权益、促进网络空间健康有序发展的必然之举和迫切需要。党的十九大报告提出:"加强互联网内容建设,建立网络综合治理体系,营造清朗的网络空间。"党的十九届五中全会审议通过的《中共中央关于制定国民经济和社会发展第十四个五年规划和二〇三五年远景目标的建议》提出:"加强网络文明建设,发展积极健康的网络文化。"贯彻落实党中央的决策部署,针对网络空间治理中的突出问题,《纲要》就推动社会治理从现实社会向网络空间覆盖,建立健全网络综合治理体系,加强依法管网、依法办网、依法上网,全面推进网络空间法治化,提出了具体措施。

问:《纲要》在疫情防控、公共卫生法治保障方面提出了哪些举措?

答:《纲要》从加强普法宣传、强化法律服务、打击违法犯罪活动等方面提出了相关举措。一是在第(五)部分"增强全民法治观念"中,提出"积极组织疫病防治、野生动物保护、公共卫生安全等方面法律法规和相关知识的宣传教育活动"。二是在第(十)部分"加强道德规范建设"中,提出"坚持依法治国和以德治国相结合,把法律规范和道德规范结合起来,以道德滋养法治精神""大力倡导科学健康文明的生活方式,革除滥食野生动物陋习,增强公民公共卫生安全和疫病防治意识。依法规范捐赠、受赠行为"。三是在第(十三)部分"保障行政执法中当事人合法权益"中,提出"建立人民群众监督评价机制,促进食品药品、公共卫生、生态环境、安全生产、劳动保障、野生动物保护等关系群众切身利益的重点领域执法力度和执法效果不断提高"。四是在第(二十)部分"增强社会安全感"中,提出"推动扫黑除恶常态化,依法严厉打击和惩治暴力伤害医务人员、破坏野生动物资源、暴力恐怖、黄赌毒黑拐骗、高科技犯罪、网络犯罪等违法犯罪活动,遏制和预防严重犯罪行为的发生""强化突发事件应急体系建设,提升疫情防控、防灾减灾救灾能力"。

问:如何抓好《纲要》的贯彻落实?

答:一是坚持以习近平法治思想为指导,把学习贯彻习近平法治思想同实施《纲要》统一起来,确保各项任务落实落地。二是推动各地区各部门制定贯彻落实方案并推进实施,把依法治国、依法执政、依法行政共同推进,法治国家、法治政府、法治社会一体建设提高到新水平。三是充分调动全社会各方力量采取多种形式参与法治社会建设,进一步发挥公民、企事业单位、人民团体、社会组织等在推进法治社会建设中的积极作用,形成法治社会建设的最大合力。四是建立健全法治社会建设考核评价机制,研究制定法治社会建设评价指标体系,健全完善群众满意度测评制度。五是通过媒体宣介、举办培训、法治论坛等形式,推动全社会学习宣传《纲要》,营造全民关心、支持和参与法治社会建设的良好氛围。

(《人民日报》2020 年 12 月 8 日　记者　张璁)